Gästebuch

zu Ehren von

_____

Ort & Datum

Name _____

_____ Name

Name _____

_____ Name

Name _____

 _____ Name

Name _____

 _____ Name

Name _____

_____ Name

Name _____

 _____ Name

Name

_____ Name

Name _____

_____ Name

Name _____

_____ Name

Name _____

 _____ Name

Name _____

_____ Name

Name _____

 _____ Name

Name _____

_____ Name

Name _____

_____ Name

Name _____

_____ Name

Name _____

_____ Name

Name _____

_____ Name

Name _____

_____ Name

Name _____

_____ Name

Name _____

_____ Name

Name _____

_____ Name

Name _____

_____ Name

Name

Name _____

_____ Name

Name _____

_____ Name

Name _____

Name

 _____ Name

Name _____

_____ Name

Name _____

Name _____

_____ Name

Name _____

Geschenke Liste

Name   Geschenk

Geschenke Liste

Name   Geschenk

Geschenke Liste

Name   Geschenk

Geschenke Liste

Name Geschenk

Geschenke Liste

Name   Geschenk

Printed in Poland
by Amazon Fulfillment
Poland Sp. z o.o., Wrocław

24629765R00040